10 razones por las que es mejor tener el Espíritu Santo

El texto bíblico se tomó de la versión Reina Valera Actualizada, © 2015 por Editorial Mundo Hispano. www.editorialmh.org. Usado con permiso.

Las citas bíblicas identificadas «RVR60» se tomaron de la Reina-Valera 1960® © Sociedades Bíblicas en América Latina, 1960. Renovado © Sociedades Bíblicas Unidas, 1988.

Todo el énfasis dentro de las citas bíblicas es del autor.

Título en inglés: *10 Reasons it is Better to Have the Holy Spirit*

Copyright © 2022 por Andrew Wommack Ministries, Inc. Todos los derechos reservados.

Publicado en colaboración entre Andrew Wommack Ministries y Harrison House Publishers

Woodland Park, CO 80863 - Shippensburg, PA 17257

Traducción y edición: Citlalli Macy

Para distribución mundial, Impreso en E.E. U.U.

ISBN 13 TP: 978-1-59548-778-0

ISBN 13 eBook: 978-1-6675-1367-6

1 2 3 4 5 6 / 28 27 26 25

Contenido

Pero yo les digo la verdad: Les conviene que yo me vaya; porque si no me voy el Consolador no vendrá a ustedes. Y si yo voy, se lo enviaré. «Cuando él venga, convencerá al mundo de pecado, de justicia y de juicio. En cuanto a pecado, porque no creen en mí; en cuanto a justicia, porque me voy al Padre y no me verán más; y en cuanto a juicio, porque el príncipe de este mundo ha sido juzgado».

Juan 16:7-11

Introducción

Pero yo les digo la verdad: Les conviene que yo me vaya; porque si no me voy el Consolador no vendrá a ustedes. Y si yo voy, se lo enviaré.

Juan 16:7

Si has oído mi historia, sabrás que el 23 de marzo de 1968 fue un día que cambió mi vida para siempre. El Señor tocó mi vida y experimenté un amor sobrenatural que duró cuatro meses y medio. Lo que quizá no sepas es que fue en esa experiencia cuando recibí el bautismo en el Espíritu Santo.

Aunque nací de nuevo a los ocho años, no fue sino hasta que recibí el Espíritu Santo que tuve el poder para vivir la vida cristiana. Hasta cierto punto vivía para el Señor, pero no estaba experimentando todo lo que Él tenía para mí.

Crecí en la iglesia bautista y aprendí la Palabra de Dios. Asistía a las visitas de los martes por la noche con los jóvenes de la iglesia y compartía el Evangelio. Pero me di cuenta de que vivía como un fariseo. Aunque hacía todas estas cosas,

> *Todo lo que Dios tenía para mí ya estaba disponible cuando recibí el Espíritu Santo.*

lo hacía por mí mismo, para obtener la aprobación de los demás.

Cuando el Señor cambió mi vida el 23 de marzo de 1968, Él comenzó una jornada que me llevó hasta donde estoy hoy. Yo empecé a experimentar una relación con Dios que no tenía antes. Aunque algunas cosas tardé años en descubrirlas, todo lo que Dios tenía para mí ya estaba disponible cuando recibí el Espíritu Santo.

Todo lo que el Señor me ha mostrado y lo que ha hecho a través de este ministerio se remonta a esa experiencia. No creo que tú hubieras oído hablar de mí si yo no hubiera recibido el bautismo en el Espíritu Santo. Pero gracias a la obra del Espíritu Santo, he visto al Señor llamar a miles de personas a través de nuestros institutos bíblicos Charis Bible College y ellos están cambiando el mundo. ¡Alabado sea el Señor!

La asombrosa declaración de Jesús

Los discípulos de Jesús se llenaron de tristeza cuando Él les dijo que estaba por partir. La mayoría de los creyentes de hoy se sentirían igual que estos discípulos. ¿Qué podría compararse a tener a Jesús caminando y hablando contigo?

Entonces Jesús les sorprendió diciendo que tener el Espíritu Santo con ellos era mejor que tenerle a Él con ellos presente en Su cuerpo físico. ¿Cómo es posible? La mayoría de los cristianos preferirían tener a Jesús con ellos, así como Él estuvo con los discípulos.

Jesús sabía que sus discípulos se escandalizarían por su afirmación, por lo que la precedió con las palabras «Les digo la verdad». Por difícil que sea de entender, el ministerio del Espíritu Santo en la vida del creyente es mejor que el ministerio terrenal de Jesús.

Esto no le resta nada a Su ministerio en la tierra. Si Jesús no hubiera venido a la tierra a cumplir lo que hizo, el ministerio del Espíritu Santo no podría existir. Todo el plan de Dios gira en torno a la obra redentora de Cristo.

Pero una vez terminada su obra, en realidad nos benefició que Jesús regresara a su Padre y enviara al Espíritu Santo para que ocupara Su lugar.

Es mejor tener al Espíritu Santo con nosotros y en nosotros que tener a Jesús en su cuerpo físico.

Por supuesto, lo que Jesús dijo era absolutamente cierto. Debemos someternos por deferencia a la sabiduría del Señor: que es mejor tener al Espíritu Santo con nosotros y en nosotros que tener a Jesús en su cuerpo físico. Evidentemente, no comprendemos ni valoramos el ministerio del Espíritu Santo como lo hace Jesús.

Hay esperanza de que al entender esto, concordemos con Jesús en que el ministerio actual del Espíritu Santo es en realidad mejor que el *limitado* ministerio de Jesús mientras Él estuvo físicamente presente en la tierra. Después de todo, Él solo podía estar en un lugar a la vez como hombre. Aun así, sería imposible que dijera: «Yo estaré con ustedes todos los días, hasta el fin del mundo» (Mt 28:20). Sin embargo, lo dijo, y el Espíritu Santo confirma que es cierto (véase He 13:5; Ro 8:9).

10 razones

Yo enseño mucho sobre el Espíritu Santo. Hablo de orar en lenguas, del bautismo en el Espíritu Santo y tengo toda una serie de enseñanzas en inglés titulada *The Positive Ministry of the Holy Spirit* (*El ministerio positivo del Espíritu Santo*). Recientemente, el Señor me habló de esta enseñanza que abarca diez verdades sobre cómo la vida es mejor teniendo al Espíritu Santo en nosotros que teniendo a Jesús en su cuerpo físico con nosotros. Es una afirmación contundente, pero es exactamente lo que Jesús dijo a Sus discípulos.

La mayoría de los cristianos piensan que, si vieran una manifestación física de Jesús delante de ellos, sería impresionante. Pero Jesús dijo que en realidad es mejor tener el Espíritu Santo. La mayoría estaría en desacuerdo porque no tienen una comprensión completa de quién es el Espíritu Santo ni de lo que hace.

Yo podría enseñar sobre cada uno de estos diez aspectos del Espíritu Santo por lo menos un par de horas, pero este libro de bolsillo destaca las cualidades y características más íntimas del Espíritu Santo. Creo que te sentirás realmente bendecido al descubrir estas cosas que el Señor me reveló.

1

El Espíritu Santo en nosotros

Pero les digo la verdad: les conviene que yo me vaya; porque si no me voy, el Consolador no vendrá a ustedes; pero si me voy, yo se lo enviaré.

Juan 16:7

Mientras estuvo en la tierra, Jesús estuvo limitado por Su cuerpo físico. Solo podía estar en un lugar a la vez. Por lo tanto, no siempre estaba presente con todos los que creían en Él. Pero mientras ascendía al cielo, prometió que estaría con nosotros «hasta el fin del mundo» (Mt 28:20). Ahora, Jesús está continuamente con cada creyente. Jesús nunca dejará ni abandonará a un solo verdadero cristiano (He 13:5).

Cuando alguien nace de nuevo, Jesús viene y vive dentro de esa persona. Pablo dice en Gálatas 4:6: «Dios envió a nuestro corazón el Espíritu de su Hijo que clama: "Abba, Padre"». A algunos cristianos les cuesta creer esto porque no pueden ver ni sentir a Jesús dentro de ellos. Pero Pablo dijo de nuevo en Romanos 8:9: «...si alguno no tiene el Espíritu de Cristo, no es de él». Por lo tanto, ésta es la realidad, lo crea o no la persona. Para beneficiarnos plenamente de esta verdad, tenemos que creer para recibir (He 4:2).

La mañana de la resurrección, dos discípulos de Jesús estaban caminando hacia Emaús, que estaba a unos once kilómetros de Jerusalén (Lc 24:13-32). Habían oído noticias de que Jesús había resucitado de entre los muertos, pero les costaba creerlo. Por eso estaban tristes.

Cuando alguien nace de nuevo, Jesús viene y vive dentro de esa persona.

Mientras caminaban, el mismo Jesús resucitado se unió a ellos y les explicó con base en las Escrituras cómo tuvo que morir y ser resucitado al tercer día. Ellos estuvieron caminando y hablando con Jesús por varios kilómetros, y sin embargo ni siquiera le reconocieron. No fue hasta que estaban partiendo el pan con Él cuando se dieron cuenta de quién era realmente.

Si eso pudo ocurrir en aquel entonces, con mayor razón ocurre ahora, porque no podemos verlo. Y del mismo modo, solo mediante la comunión con el Señor resucitado nos damos cuenta de Su presencia con nosotros ahora. En cuanto nacemos de nuevo, Jesús está con nosotros continuamente. Eso solo puede ocurrir a través del Espíritu Santo.

Hay pocas cosas más controvertidas en el cuerpo de Cristo que el bautismo del Espíritu Santo y los dones que lo

> *Solo mediante la comunión con el Señor resucitado nos damos cuenta de Su presencia con nosotros ahora.*

acompañan. Gran parte del cristianismo actual considera que la experiencia de nacer de nuevo es todo lo que hay en la salvación. Lamentablemente, algunos cristianos se oponen a la creencia de que existe una experiencia diferente de ser lleno del Espíritu Santo, y se oponen especialmente a la validez de los dones del Espíritu Santo para los creyentes de hoy.

Muchas personas no reciben realmente el beneficio de ese maravilloso don porque no pueden verlo. No pueden sentirlo con sentimientos naturales y humanos; por eso no son conscientes.

¡Pero la realidad espiritual es que Jesús está ahora *en* nosotros por medio del Espíritu Santo que mora en nosotros!

#2

Nacido del Espíritu

Respondió Jesús:

—De cierto, de cierto te digo que, a menos que nazca de agua y del Espíritu, uno no puede entrar en el reino de Dios. Lo que ha nacido de la carne, carne es; y lo que ha nacido del Espíritu, espíritu es. No te maravilles de que te dije: "Les es necesario nacer de nuevo". El viento sopla de donde quiere, y oyes su sonido pero no sabes ni de dónde viene ni a dónde va. Así es todo aquel que ha nacido del Espíritu.

Juan 3:5-8

a segunda razón por la que la vida es mejor con el Espíritu Santo es que, cuando hacemos de Jesús nuestro Señor y recibimos la salvación, nacemos del Espíritu Santo.

En Juan 3, Jesús dijo tres veces que tenemos que nacer del Espíritu.

Respondió Jesús:

—De cierto, de cierto te digo que, a menos que nazca de agua y del Espíritu, uno no puede entrar en el reino de Dios.

Juan 3:5

Lo que ha nacido de la carne, carne es; y lo que ha nacido del Espíritu, espíritu es.

Juan 3:6

El viento sopla de donde quiere, y oyes su sonido pero no sabes ni de dónde viene ni a dónde va. Así es todo aquel que ha nacido del Espíritu.

Juan 3:8

Por lo tanto, si no hubiera venido el Espíritu Santo, los creyentes no podrían nacer de nuevo. No podía haber una experiencia de nacer de nuevo hasta que viniera el Espíritu Santo.

Jesús dice en Juan 7:38: «El que cree en mí, como dice la Escritura, ríos de agua viva correrán de su interior». Los ríos de agua viva que brotan de nuestro interior son producidos por el Espíritu Santo cuando la gente cree en Jesús. Pero esto no pudo suceder hasta después de la resurrección.

El Espíritu Santo está íntimamente implicado en nuestra salvación y nos bautiza en el cuerpo de Cristo. El apóstol Pablo dice en 1 Corintios 12:13: «Porque por un solo Espíritu fuimos bautizados todos en un solo cuerpo, tanto judíos como griegos,

El Espíritu Santo es el que lleva a cabo nuestro nuevo nacimiento.

tanto esclavos como libres; y a todos se nos dio a beber de un solo Espíritu». No puedes formar parte del cuerpo de Cristo sin el Espíritu Santo.

Esto no podría haber sucedido mientras Jesús estaba en la tierra antes de Su muerte y resurrección, porque el Espíritu Santo es el que lleva a cabo nuestro nuevo nacimiento. La iglesia no existiría sin el ministerio del Espíritu Santo.

Como creyentes, debemos reconocer la importancia del papel del Espíritu Santo en nuestra salvación.

En el momento de la salvación, el Espíritu Santo nos sella para que, cuando un cristiano cometa un pecado, éste no penetre el sello y contamine nuestro espíritu renacido. Nuestros espíritus tienen redención eterna (He 9:12), salvación eterna (He 9:15), están santificados (He 10:10) y perfeccionados para siempre (He 10:14) gracias al poder preservador del Espíritu Santo. ¡Alabado sea el Señor!

3

Conocimiento por revelación

*Pero el hombre natural no acepta **las cosas que son del Espíritu de Dios**, porque le son locura; y no las puede comprender, porque se han de **discernir espiritualmente**.*

1 Corintios 2:14

S in el Espíritu Santo, no podremos percibir las cosas espirituales.

Cuando yo recibí el bautismo del Espíritu Santo, hubo un énfasis en hablar en lenguas (hablaremos de ello más adelante), pero lo más importante que recibí del Espíritu Santo fue que ¡la Biblia cobró vida! Era como un libro nuevo para mí. No me cansaba de leerla.

Aquellos dos hombres que caminaban hacia Emaús no reconocieron a Jesús; sin embargo, más tarde, aquel mismo día, dijeron: «¿No ardía nuestro corazón en nosotros cuando nos hablaba en el camino y nos abría las Escrituras?» (Lc 24:32).

La Escritura dice que las personas escribieron inspiradas por el Espíritu Santo, el Espíritu Santo escribió la Palabra de Dios, la Biblia. Él la iluminará a todo creyente y a ti.

Las cosas espirituales solo pueden ser reveladas por el Espíritu Santo. Dice en 1 Corintios 2:14: «Pero el hombre natural no acepta las cosas que son del Espíritu de Dios, porque le son locura; y no las puede comprender, porque se han de discernir

> *Por medio del Espíritu Santo, podemos conocer mejor a Jesús.*

espiritualmente». Antes de la llenura del Espíritu Santo, éramos insensibles para las cosas de Dios.

Por eso se atoran tantos cristianos. Intentan entender la Palabra de Dios con su cerebro. La Biblia está escrita para tu corazón. Tú tienes que recibirla por revelación del Espíritu Santo.

Jesús nos lo dice en Juan 14:26:

*Pero el Consolador, el Espíritu Santo que el Padre enviará en mi nombre, él **les enseñará todas las cosas** y **les hará recordar** todo lo que yo les he dicho.*

El Espíritu Santo escribió la Palabra de Dios (2 P 1:21), y Él la revelará (1 Co 2:9-10). Nuestro entendimiento tiene que abrirse por medio del Espíritu Santo para conocer la Palabra de Dios (Lc 24:25). El Espíritu Santo nos revela a Jesús (Jn 15:26). Por medio del ministerio del Espíritu Santo, podemos conocer a Jesús mejor de lo que lo conocieron los discípulos por medio de las cosas físicas (2 Co 5:16).

> *Nuestro entendimiento tiene que abrirse por medio del Espíritu Santo para conocer la Palabra de Dios.*

El apóstol Pablo dijo que antes había conocido a Jesús según la carne, pero que ahora solo conocía a Jesús según el Espíritu. Y Pablo, por el Espíritu, tuvo una revelación de Jesús tal, que hasta el apóstol Pedro se maravilló (2 P 3:15-16). Pedro reconoció que los escritos de Pablo eran Escrituras, pero dijo que eran difíciles de entender. Piensa en ello.

Pedro, que pasó tres años y medio con Jesús, día y noche, no comprendió las enseñanzas de Jesús tan bien como Pablo, que solo conoció a Jesús cuando Él ya estaba de vuelta en el cielo. Del mismo modo, podemos conocer mejor a Jesús a través de la revelación del Espíritu Santo que si estuviéramos físicamente con él.

En realidad, el cuerpo físico de Jesús ocultaba quién era él realmente. Isaías 53:2 dice que el cuerpo de Jesús no era especial y que «no tenía atractivo como para que lo deseáramos». ¡Asombroso!

Hoy no tenemos un obstáculo físico que limite nuestra percepción y aceptación. Podemos verle por el Espíritu y visualizarle en toda Su gloria. ¡Somos más bendecidos que Sus primeros discípulos!

El Espíritu Santo te enseñará todas las cosas, no solo algunas, sino *todas*. Y te guiará a toda la verdad y te traerá a la memoria lo que necesites saber. ¡Eso es poderoso!

> *El Espíritu Santo te enseñará todas las cosas, no solo algunas, sino **todas**.*

Una de las razones por las que las personas se alejan del Señor es porque no hacen memoria de sus victorias ni recuerdan lo que Dios ha hecho por ellas. El Espíritu Santo te enseñará, te guiará a la verdad y te traerá a la memoria todo lo que ha hecho por ti. Te dará percepción espiritual. Si no has sido bautizado en el Espíritu Santo, debes serlo.

4

Poder

*Pero **recibirán poder** cuando el Espíritu Santo haya venido sobre ustedes, y me serán testigos en Jerusalén, en toda Judea, en Samaria y hasta lo último de la tierra.*

Hechos 1:8

Lo último que Jesús les dijo a sus discípulos antes de ascender al cielo fue: «recibirán poder». La palabra poder que se utiliza aquí procede del griego *dynamis* (doo'-nam-is), de donde obtenemos nuestras palabras *dinamita o dínamo*, como en poder milagroso, hacedor de milagros. Este es el tipo de poder que recibes cuando el Espíritu Santo viene sobre ti.

Puedes ver la diferencia en los discípulos antes y después de recibir el Espíritu Santo. Antes del día de Pentecostés, eran hombres temerosos: huían y negaban al Señor. Pero después de recibir el Espíritu Santo, ¡eran más fuertes que el rábano picante!

Incluso el Sanedrín, al ver la audacia de los discípulos, tomó nota de que habían estado con Jesús (Hch 4:13). Y eso fue gracias al Espíritu Santo.

Te diré que nos vendría bien algo de esa audacia hoy en día con todas las cosas que están pasando y con el espíritu del Anticristo que actúa en el mundo. La gente es tímida y apocada, pero el Espíritu Santo te dará un poder sobrenatural.

Algunos cristianos aceptan de buen grado un ministerio limitado del Espíritu Santo como Consolador y Confortador, pero niegan su poder milagroso. Quieren disfrutar de los beneficios sin la responsabilidad. Creen que no existe una segunda experiencia del Espíritu Santo después de nacer de nuevo. Puede que sean sinceros en sus creencias, pero están sinceramente equivocados.

Hay muchos ejemplos claros en las Escrituras en los que un encuentro milagroso con el Espíritu Santo capacitó y dio poder a los creyentes para vivir vidas sobrenaturales. Jesús enseñó sobre dos experiencias distintas en la vida del creyente. Por ejemplo, en Juan 20:28, Tomás confesó a Jesús como su Señor y Dios, y eso le hizo «salvo» según Romanos 10:9-10.

Sin embargo, el Señor dijo a Tomás y a todos los discípulos que se quedaran en Jerusalén hasta que recibieran el poder del Espíritu Santo (Hch 1:4), porque aún no lo tenían. Después

Después de que los discípulos recibieron ese poder, fueron hombres cambiados.

de que los discípulos recibieron ese poder, fueron hombres cambiados.

Después del día de Pentecostés, cuando el Espíritu Santo vino sobre los discípulos de Jesús, éstos se volvieron poderosos y audaces.

Se enfrentaron sin miedo a la persecución y a la muerte. ¿Qué marcó la diferencia? Según las propias palabras de Jesús, fue el bautismo en el Espíritu Santo.

Es fácil ver el contraste entre los discípulos *antes* de recibir el Espíritu Santo y *después* de recibirlo.

Antes	Después
Temeroso	Atrevido
Negó a Jesús	Proclamó a Jesús
Tímido y vergonzoso	Capacitado con poder
Limitado por la carne	Dotado espiritualmente
(Mateo 26:56; Marcos 14:50)	(Hechos 4:13,31; 19:8)

Los cristianos de hoy necesitamos este poder del Espíritu Santo para proclamar con valentía a Jesús como el Salvador que es y para estar dispuestos a enfrentarnos al mal (Ef 6:10-18). Tenemos el poder sobrenatural para derrotar al espíritu del anticristo. ¡Créelo!

Recibimos el poder de obrar milagros cuando el Espíritu Santo viene y reside en nosotros (Hch 1:8).

Creo que la razón número uno por la que la gente se resiste al ministerio del Espíritu Santo hoy en día es porque pone al descubierto la falta de poder en sus vidas. Y una vez expuesta, exige un cambio. En un intento de eludir la responsabilidad del cambio, cambian las Escrituras en lugar de cambiar ellos mismos. Por supuesto, no es una actitud tan descarada; pero existe una predisposición contra el ministerio del Espíritu Santo, por lo que tergiversan las Escrituras para apoyar las opiniones de algunas personas.

Recibimos el poder de obrar milagros cuando el Espíritu Santo viene y reside en nosotros.

Hoy en día, parece ser «políticamente correcto» decir que los alcohólicos no son responsables de sus actos, que la depresión es un desequilibrio químico y que la homosexualidad es genética. Incluso ha habido juicios en los que personas con sobrepeso demandan a las cadenas de comida rápida por su obesidad. Nadie quiere admitir que su vida es el resultado de sus propias elecciones y acciones. Es más fácil culpar a otro de sus errores. Lamentablemente, la falta de responsabilidad personal en nuestra sociedad se ha colado en las actitudes de la iglesia.

El último intento de eludir la responsabilidad es cuando le echamos la culpa a Dios. Esto se remonta a Adán cuando dijo: «Es esa mujer que *Tú* me diste; *ella* me lo dio para comer» (Gn 3:11, parafraseado). Adán le pasó la pelota a Eva y luego, en última instancia, culpó a Dios. Pero el juicio de Dios responsabilizó a Adán por sus propias acciones.

Siempre recuerda: tú recibes el poder del Espíritu Santo que te da el valor para tomar las decisiones correctas, aceptar la responsabilidad, y vencer y declarar la victoria en todos los aspectos de la vida.

#5

Recordando todo

*Pero el Consolador, el Espíritu Santo que el Padre
enviará en mi nombre, él les enseñará todas las cosas y
les hará recordar todo lo que yo les he dicho.*

Juan 14:26

L a quinta razón por la que la vida es mejor con el Espíritu
Santo es que Él nos enseña; nos recuerda lo que Jesús ha
dicho. Ya he mencionado cómo el Espíritu Santo aviva
nuestra capacidad espiritual, pero ahora nos centraremos en
cómo nos ayuda a recordar importantes verdades espirituales.
Y te digo que éste es un don realmente poderoso del Espíritu
Santo.

Cuando me dediqué por primera vez al Señor, solía tomar
notas. Cualquier cosa que dijeran las personas, yo escribía
páginas y páginas de notas. Luego volvía y leía mis notas al
cabo de un año o algo así. Y a menudo pensaba: «Eso no es
Dios, esto no está bien». Entonces decidí que me basaría en
Juan 14:26. Decidí creer que el Espíritu Santo me traería a la
memoria lo que Jesús dijo, y que podría pasar por alto todo
lo demás.

No creo que la mayoría de las personas entiendan plenamente lo importante que es la memoria. En una de mis enseñanzas, *Descubre las claves para permanecer lleno de Dios*, hago hincapié en la importancia de la memoria cuando se trata de ser agradecido. Es importante recordar lo que Dios ha hecho en tu vida.

El Salmo 103:1-2 dice: «Bendice, oh alma mía, al SEÑOR. Bendiga todo mi ser su santo nombre. Bendice, oh alma mía, al SEÑOR y no olvides ninguno de sus beneficios». No olvides las bendiciones, los milagros y las cosas que Dios ha hecho en tu vida. La razón de que sea un mandamiento recordar es que nuestra tendencia es a olvidar.

¿Sabías que hacer memoria requiere esfuerzo? Mucha gente no se da cuenta, pero debes mirar atrás intencionadamente y recordar la bondad de Dios en tu vida.

El apóstol Pedro, cuando supo que se acercaba su hora de morir, le dijo a la gente: «Por eso, siempre les traeré estas cosas a la memoria, aunque ustedes las saben y están afirmados en la verdad que está presente en ustedes. Pero considero justo estimularles la memoria entre tanto que estoy en esta mi morada temporal» (2 P 1:12-13).

> *No olvides las bendiciones, los milagros y las cosas que Dios ha hecho en tu vida.*

Pedro dice que la memoria te estimulará. Yo tengo literalmente cientos de ejemplos de cómo me ha influenciado la memoria.

> *El Espíritu Santo te recuerda la bondad de Dios.*

El 23 de marzo de 1968 es algo en lo que pienso todos los días de mi vida. Yo ya había nacido de nuevo, pero ese fue el día en que el poder del Espíritu Santo entró en mi vida y el Señor captó mi atención, ¡y lo recuerdo!

También llevo un diario desde 1996, en el que escribo las cosas que pasan, y lo leo para ayudarme a recordar las cosas buenas que Dios ha hecho por mí.

Como dice Pedro, si no te recuerdas a ti mismo y a los demás lo que Dios ha hecho, estás siendo negligente. Puedes quedar tan atrapado en lo que ocurre en tu propia vida que puedes olvidarte de la bondad de Dios. Si no te motivas, te hundirás hasta el fondo.

Éste es uno de los ministerios del Espíritu Santo: «hacernos recordar todo lo que Jesús nos ha dicho» (Jn 14:26). Una de las razones por las que es mejor tener al Espíritu Santo dentro de ti que la presencia física de Jesús, es que el Espíritu Santo te recuerda la bondad de Dios.

Cuando miras atrás y recuerdas lo bueno que Dios ha sido contigo y que nunca te ha fallado, te dará esperanza y confianza para el futuro.

6

Les hará saber las cosas que han de venir

*Y cuando venga el Espíritu de verdad, él los guiará a toda la verdad pues no hablará por sí solo sino que hablará todo lo que oiga y **les hará saber las cosas que han de venir**.*

Juan 16:13

E l Espíritu Santo te «hará saber las cosas que han de venir». Esto es muy importante. La mayoría de los cristianos van por la vida como un ciego. Van por la vida cotidiana sin ver lo que tienen enfrente. Es solo cuestión de tiempo para que se tropiecen con algo, choquen con algo o sean atropellados por algo. El cristiano medio va por la vida sin ninguna dirección sobrenatural *divina*.

Pero Jesús dijo que el Espíritu Santo te hará saber las cosas que han de venir. Puedo darte cientos de ejemplos de ocasiones en las que el Señor me ha hablado de algo que iba a suceder.

Dos ejemplos:

Había un hombre que lo tenía todo a su favor. Era el alcalde de la ciudad. Me daba una buena impresión, y quería ser mi mejor amigo. Admito que me sentí halagado. Pero el Señor me habló por medio del Espíritu Santo y me dijo que me mantuviera alejado de aquel tipo, muy alejado. Me dijo que aquel tipo era un lobo con piel de cordero. ¡Y resultó ser así!

Durante la Gran Recesión de 2008, el Espíritu Santo le habló a mi mujer sobre la herencia de su padre que habíamos invertido. Le dijo que lo sacara todo de la bolsa de valores. Así lo hicimos y poco después la bolsa se desplomó. Cuando nos dijeron que reinvirtiéramos, ganamos un 60 por ciento mientras todos los demás estaban perdiendo un 60 por ciento.

Algunos pueden dudar que sea cierto, pero no me despiertes, porque así es como estamos viviendo.

El Espíritu Santo te dirá las cosas que están por venir. Eso es cierto y bueno. El Espíritu Santo también te advierte. Nos ha dicho lo que quiere que hagamos con respecto a Charis Bible College: sobre los edificios, las instalaciones, etc. Cuando sabemos que algo viene de Él, ¡obedecemos!

La mayoría de la gente hace sus propias cosas y luego dice: «Dios, bendice esto. Te pedimos que lo bendigas». Si primero averiguas lo que Dios quiere que hagas y sigues Sus indicaciones, no tienes que pedirle a Dios que lo bendiga. Yo nunca tengo que pedir a Dios que bendiga lo que hago, porque solo hago lo que Dios dice y lo que el Espíritu Santo

El Espíritu Santo te dirá las cosas que están por venir.

Cuando Dios es el autor de algo, funcionará.

me muestra. No tengo ningún deseo ni ninguna agenda que no sea hacer Su voluntad.

Si el Espíritu Santo te dice y/o te muestra lo que debes hacer, puedes contar con que será para tu beneficio. Cuando Dios guía, Él proveerá. Cuando Dios es el autor de ello, funcionará. Puedes saber que, a pesar de cualquier oposición que venga contra ti, no prosperará (Is 54:17).

Una de las razones por las que tantas personas fracasan en su fe es porque sinceramente no tienen la confianza de que el Espíritu Santo les haya dirigido. Tienen la esperanza de que lo haya hecho, oran para que lo haga, pero no tienen confianza en que lo haya hecho. Debido a esa falta de confianza, Satanás puede entrar y robar cosas. Si no tienes fe y confianza en el Espíritu Santo, cuando lleguen los problemas, te desbaratarás como una maleta barata.

Saber que el Espíritu Santo que mora en ti te muestra, te guía y te dice lo que va a suceder, hará que ganes y no fracases, ¡eso no tiene precio!

7

Dones del Espíritu Santo

*Pero **a cada uno le es dada la manifestación del Espíritu para provecho**. Porque a este es dada por el Espíritu **palabra de sabiduría**; a otro, **palabra de ciencia** según el mismo Espíritu; a otro, **fe** por el mismo Espíritu; y a otro, dones de **sanidades** por el mismo Espíritu. A otro, el hacer milagros; a otro, profecía; a otro, **discernimiento de espíritus**; a otro, **diversos géneros de lenguas**; y a otro, **interpretación de lenguas**. Pero todas estas cosas las hace **uno y el mismo Espíritu**, repartiendo a cada uno en particular como él quiere.*

1 Corintios 12:7-11, RVR60

Entonces, ¿por qué hay tanto debate sobre los dones del Espíritu Santo? La triste verdad es que negar el ministerio y el poder del Espíritu Santo es una teología conveniente. Creer que los milagros y los dones del Espíritu Santo no actúan en la actualidad es una excusa para una vida impotente. El Espíritu Santo estaba dispuesto a actuar en los tiempos bíblicos, *y* el Espíritu Santo está dispuesto a actuar *hoy*. No hay excusa para vivir tan alejado de la victoria descrita en la Palabra de Dios.

No hay excusa para vivir tan alejado de la victoria descrita en la Palabra de Dios.

El don más controvertido es orar y hablar en «diversos géneros de lenguas». Hablar en lenguas no es solo una de las primeras cosas que suceden tras ser bautizado en el Espíritu Santo, sino también una de las más importantes.

Cuando tú oras en lenguas, dice en 1 Corintios 14:14 que tu espíritu ora. Tu espíritu es la parte de ti que ha nacido de nuevo, que tiene la mente de Cristo. Primera de Corintios 2:16 dice que nosotros «tenemos la mente de Cristo», y Colosenses 3:10 dice que tu mente ha sido renovada en el conocimiento de tu Creador. Por lo tanto, en tu espíritu tienes la mente de Cristo. Tienes un conocimiento ilimitado, y todo lo que tienes que hacer es sacarlo.

¿Cómo sacas la sabiduría divina que hay en tu espíritu? La Biblia dice que cuando oras en lenguas, tu espíritu, la parte de ti que tiene ese conocimiento, está orando (1Co 14:14). Si oras en lenguas, 1Corintios 14:13 dice que también ores pidiendo la interpretación.

Yo he orado en el espíritu muchas veces cuando me he enfrentado a algo en lo natural que simplemente no tenía la capacidad de vencer; simplemente no tenía la confianza en mí mismo. Así que me puse a orar en lenguas. Reconozco que necesito al Señor, y no me apoyo en mi propio entendimiento.

Cuando me topo con un problema, oro en lenguas y pido a Dios sabiduría. También oro para que Dios me dé la interpretación. Si estoy orando y no hay nadie más cerca, no necesito decirlo en voz alta. Solo necesito que se ilumine mi entendimiento. Podría darte testimonio tras testimonio de cómo me ha bendecido esta comunicación especial con Dios.

Tú tienes un conocimiento ilimitado, y todo lo que tienes que hacer es sacarlo.

Uno de los sucesos más milagrosos de mi vida fue cuando estábamos esperando un préstamo de 3,2 millones de dólares para un proyecto de construcción. El proceso se estaba alargando tanto que querían que iniciáramos de nuevo todo el proceso. Entonces yo dije: «Dios, tiene que haber una solución. ¿Cuál es la respuesta a esta situación?». Empecé a orar en lenguas y le pedí que me mostrara qué hacer y que me diera la interpretación. No habían pasado ni dos minutos cuando el Señor me habló de una profecía que yo había recibido dos años antes. Yo no la había ignorado; simplemente no la recordaba. La profecía decía que yo no necesitaba un préstamo bancario; mis socios financiarían lo que necesitara. Catorce meses después teníamos los 3,2 millones de dólares,

> *Debemos comprender que tenemos la mente de Cristo, y que toda Su sabiduría fluye en nosotros y a través de nosotros.*

que nos impulsaron a un nuevo ámbito de prosperidad y bendición que nunca habíamos tenido. Y todo ello vino por orar en lenguas y pedir una interpretación.

Debemos comprender que tenemos la mente de Cristo, y que toda Su sabiduría fluye en nosotros y a través de nosotros. No comprender esta verdad es como morir de sed mientras te apoyas en un pozo lleno de agua, porque no sabes cómo sacarla. Hablar en lenguas es sacar la manifestación del Espíritu Santo y luego orar para recibir la interpretación de Dios.

Supongo que es posible tener el bautismo en el Espíritu Santo y no hablar en lenguas, pero ¿por qué no querrías hacerlo? Si tienes miedo, ¡no lo tengas! No hay razón para temer; tú tienes todo el control. Yo no estoy hablando en lenguas mientras escribo esto, porque soy yo quien decide cuando hablo en lenguas. Es lo mismo para ti. Tú controlas cuando hablas en lenguas.

Quizá haya algo más que te esté frenando. He visto personalmente cómo alguien que no tiene la perspectiva adecuada sobre este don puede reprimirlo. A mí me ocurrió. En mi caso, una iglesia me infundió tal miedo que yo temía que pudiera recibir algo del diablo. No fue hasta más tarde cuando aprendí que el Señor no permitiría que eso sucediera (Lc 11:13).

Ya sea que no te sientas seguro o si tienes problemas para recibirlo, mi enseñanza titulada *El Nuevo tú y el Espíritu Santo* responderá a tus preguntas y te liberará para recibir este poderoso don. Yo les doy esta enseñanza a los que reciben el bautismo del Espíritu Santo en nuestros Seminarios de la Verdad del Evangelio en la que se comparten pasos muy prácticos sobre cómo recibir el don de hablar en lenguas. Cientos de personas que tenían problemas para hablar en lenguas pudieron recibirlo después de leer el libro o escuchar esta enseñanza. Puede que conozcas a personas que no hayan recibido el bautismo del Espíritu Santo, y esta enseñanza podría cambiar para siempre sus vidas, y también la tuya. Mi vida cambió por completo cuando yo recibí el Espíritu Santo. Si no fuera por eso, nunca habrías oído hablar de mí.

#8

Fructificar

> Pero el **fruto del Espíritu** es *amor, gozo, paz, paciencia, benignidad, bondad, fe, mansedumbre, templanza: contra tales cosas no hay ley.*

Gálatas 5:22-23, RVR60

La octava razón por la que la vida es mejor con el Espíritu Santo es el fruto del Espíritu Santo. Y como ya dije, podría enseñar sobre esto durante varias horas, pero Gálatas 5:22-23 dice que el fruto del Espíritu es *amor, gozo, paz, paciencia, benignidad, bondad, fe, mansedumbre* y *templanza*. Fíjate en que la Escritura dice el «fruto», no los frutos, del Espíritu. Enumera nueve cosas, pero es solo un fruto.

Es como un prisma cuando incide la luz del sol y se muestra todo el espectro de colores, aunque proceda de una sola fuente. El fruto del Espíritu es un paquete con todo incluido. Si tienes amor, también tienes alegría y paz y longanimidad, mansedumbre, bondad, fe, mansedumbre y templanza. Podríamos examinar cada uno de ellos, pero me gustaría centrarme en la templanza. Casi todas las traducciones modernas de la Biblia la traducen como «dominio propio», pero si estudias la palabra *templanza* (*temperance*) en el griego, se trata específicamente de dominio propio en la comida y la bebida. En Estados Unidos, el esfuerzo que se hizo en el siglo XIX para prohibir el alcohol se llamó «movimiento por la templanza».

> *El fruto del Espíritu es un paquete con todo incluido.*

Entonces, la templanza es el dominio propio, concretamente en la comida y la bebida. Te diré que la gula es el pecado cristiano. Hay muchos cristianos con sobrepeso. Pero ¿sabes qué?, Dios los ama. Yo los amo. No estoy en contra de ellos, pero sí digo que es pecado. Está en la lista junto con el adulterio, el asesinato, el robo y todo lo demás que es pecaminoso. Tenemos que comer. Así que no puedes simplemente renunciar a la comida, pero debes tener templanza, o dominio propio, específicamente en esta área.

Si has nacido de nuevo, también tienes una paz sobrenatural, junto con la fe, el amor, la alegría y todos los frutos del Espíritu. Ahora bien, puede que no dominen en tu vida, porque tú puedes caminar en el espíritu o puedes caminar en la carne; pero en tu espíritu tienes este fruto.

El apóstol Pablo, en Colosenses 3:15, dice: «Y la paz de Cristo gobierne en su corazón». En este versículo, la palabra *gobierne* procede de una palabra griega que significa «árbitro».

Al igual que en el béisbol, donde un árbitro determina (canta) las bolas y los strikes, la paz sobrenatural que proporciona el Espíritu Santo puede ayudarnos a tomar decisiones.

Una de las decisiones más importantes que tuve que tomar se dio después de que el Señor tocara mi vida el 23 de marzo de 1968. En aquel tiempo yo estaba en la universidad, pero después de aquella noche, perdí todo deseo de ir a la escuela. Cuando le dije a mis conocidos que pensaba dejar la universidad, mi familia y mi iglesia se opusieron. Además, me arriesgaba a perder los 350 dólares que recibía del Seguro Social de mi padre; e inmediatamente estaría disponible para servir en el ejército, lo que significaba un billete de primera clase a Vietnam.

Teniendo en cuenta estas cosas, me retracté de mi decisión durante un tiempo, pero me sentí muy deprimido. Mientras oraba y estudiaba la Palabra en busca de orientación, encontré Colosenses 3:15.

El Señor me dijo que tomara la dirección que me diera más paz. Lo que me daba más paz era dejar los estudios, así que tomé mi decisión. En veinticuatro horas, el Señor la confirmó y me dio tanta alegría que desde entonces nunca he dudado de la sabiduría de aquella decisión. Aquella decisión, posiblemente

Siempre hay paz en la dirección que Dios quiere que tomes.

más que ninguna otra, puso mi vida en un rumbo que me ha llevado hasta donde estoy hoy.

Lo único que tienes que hacer es apartarte de las cosas naturales que te ocupan: las opiniones de la gente, las críticas y el miedo al fracaso. Apártate de esas cosas y sigue lo que el Espíritu te guíe a hacer. Siempre hay paz en la dirección que Dios quiere que tomes.

En este capítulo me he centrado solo en algunos aspectos del fruto del Espíritu, pero necesitamos *todo* el fruto si queremos tener éxito en esta vida. Vivir la vida cristiana no solo es difícil; ¡es imposible sin el poder del Espíritu Santo!

9

Consolado para consolar

*Bendito sea el Dios y Padre de nuestro Señor Jesucristo, Padre de misericordias y Dios de toda consolación, quien nos consuela en todas nuestras tribulaciones. **De esta manera, con la consolación con que nosotros mismos somos consolados por Dios, también nosotros podemos consolar a los que están en cualquier tribulación.***

2 Corintios 1:3-4

La novena razón por la que la vida es mejor con el Espíritu Santo es el consuelo que nos trae. La noche antes de su crucifixión, Jesús les habló del Consolador a los discípulos:

*Pero yo les digo la verdad: Les conviene que yo me vaya; porque si no me voy el **Consolador** no vendrá a ustedes. Y si yo voy, se lo enviaré.*

Juan 16:7

Él llamó al Espíritu Santo «el Consolador». De vez en cuando, todas las personas, incluso los cristianos, necesitan ser consoladas. Las pruebas y tribulaciones de la vida pueden abatirnos, pero podemos ser consolados y reanimados sabiendo que el regalo de despedida de Jesús fue el Consolador.

Le ministré a un muy buen amigo mío cuando su mujer estaba a punto de irse al cielo para estar con el Señor. Me

Él llamó al Espíritu Santo «el Consolador».

dijo que toda la familia estaba presente con él, ya que ella probablemente moriría en los próximos días. Le dije: «Me alegro mucho por ella porque ha estado sufriendo. Cuando pase al cielo, estará más viva que nunca. Y oro para que el Espíritu Santo te consuele».

Pude decirle eso a mi amigo por lo que Pablo escribió a los Corintios. El Consolador te consolará en todas tus tribulaciones, para que tú sepas consolar a otras personas. Somos bendecidos para bendecir; somos consolados para consolar: individualmente y como cuerpo de Cristo en su totalidad.

*Entonces por toda Judea, Galilea y Samaria la iglesia tenía paz. Iba edificándose y vivía en el temor del Señor, y con el **consuelo** del Espíritu Santo se multiplicaba.*
Hechos 9:31

De hecho, oí a alguien decir que cuando él y su mujer discuten, no le gusta. Pero cuando se reconcilian, ¡eso le gusta mucho! Él casi disfruta la pelea. En cierto sentido, así es

Cuando las personas te critiquen y sucedan cosas negativas, no temas: el Espíritu Santo consolador está en ti.

cuando la gente se pone en tu contra o cuando te ataca el diablo. Mi esperanza y mi oración es que tú sepas que el consuelo del Espíritu Santo es tan bueno que casi puedes alegrarte en la tribulación.

A fin de conocerle, y el poder de su resurrección, y la participación de sus padecimientos, llegando a ser semejante a él en su muerte,

Filipenses 3:10, RVR60

El apóstol Pablo quería conocer a Cristo en el poder de Su resurrección, incluso en Sus sufrimientos, sabiendo que el Espíritu Santo consuela sobrenaturalmente. Cuando las personas te critiquen y sucedan cosas negativas, no temas: el Espíritu Santo consolador está en ti.

10

Pecado, justicia, juicio

*Cuando él venga, convencerá al mundo **de pecado, de justicia y de juicio**. En cuanto a pecado, porque no creen en mí; en cuanto a justicia, porque me voy al Padre y no me verán más; y en cuanto a juicio, porque el príncipe de este mundo ha sido juzgado.*

Juan 16:8-11

En este pasaje, la verdad que Jesús compartió con Sus discípulos comienza con todos los beneficios que aporta el Espíritu Santo. Luego profundiza en los temas importantes del pecado, la justicia y el juicio. El Espíritu Santo convencerá (reprobará) y reprenderá al mundo.

La mayoría de la gente piensa que *reprobar* significa que Dios te va a atrapar cada vez que hagas algo mal. Sin embargo, la Escritura dice en realidad que Él reprueba a las personas por el pecado de no creer en Él. Él quiere que todos lleguen al conocimiento de salvación en Jesús.

Si una persona no conoce al Señor, el Espíritu Santo no va a atraparlo por sus pecados. Él va a llamar la atención a su necesidad de salvación.

> *La raíz del pecado es no confiar en Jesús.*

Si has nacido de nuevo y cometes pecado, Dios trata contigo sobre la raíz del pecado, que es no confiar en Jesús, o apoyarte en ti mismo o en otros en lugar de apoyarte en Él. Entonces, te reprueba por no creer en Él.

Y entonces el Espíritu Santo te convence de la justicia, no de la injusticia. Demasiadas personas interpretan este versículo en el sentido de que te mostrará toda tu injusticia. No, dice que te hará consciente de la justicia. Te mostrará que eres la justicia de Dios. La mayoría de la gente cree que es lo contrario, lo cual es una de las razones por las que no aprecian el ministerio del Espíritu Santo. Le atribuyen toda su culpa y condenación a Él. Pero Él no hace eso: lo haces tú. Él te muestra tu justicia.

Y entonces Su palabra dice que Él te convencerá de juicio. Y específicamente, Él dice, porque el príncipe de este mundo

> *Él te muestra que tú eres la justicia de Dios.*

es juzgado. Esto no está hablando de que tú seas juzgado. Esto está diciendo que tú eres el vencedor. Satanás es el que es juzgado. Satanás es el perdedor. Él ha sido juzgado, y habrá un juicio final.

Muchos cristianos piensan que el ministerio del Espíritu Santo es negativo: viene a mostrar tu pecado, tu injusticia y a juzgarte. No. El ministerio del Espíritu Santo es positivo: Él está a tu favor y te capacita para hacer la voluntad de Dios: es tu *Ayudador, Consolador, Abogado, Intercesor, Consejero, Fortalecedor, Apoyo*. ¡Alégrate!

El ministerio del Espíritu Santo es positivo: Él está a tu favor y te capacita para hacer la voluntad de Dios.

Conclusión
El ministerio positivo del Espíritu Santo

A la mayoría de las personas se les ha hecho creer que las dudas sobre uno mismo, la condenación de uno mismo, los sentimientos de indignidad y el estar consciente de los pecados individuales son obra del Espíritu Santo; pero eso no es cierto.

He pasado mucho tiempo enseñando sobre el amor incondicional y la gracia de Dios. Eso es lo que cambió mi vida. Pero me doy cuenta por las preguntas y comentarios que recibo de que muchas personas siguen sin entenderlo.

Por eso, hace años le pedí al Señor que me diera una forma de expresar Su gracia de manera que la gente no pudiera confundirse. Me dio una de las revelaciones más importantes que jamás he recibido sobre el ministerio positivo del Espíritu Santo. No a todo el mundo le gusta esto, pero entienden lo que digo.

La herramienta favorita del diablo es la religión, y ha hecho una gran labor convenciendo al cuerpo de Cristo de que el Espíritu Santo es la fuente de los sentimientos negativos. Ha convencido a los creyentes de que el Espíritu Santo les muestra y les dice que son indignos y que tienen que «limpiar su vida» si alguna vez quieren recibir algo del Señor.

La verdad es que tu corazón o, más concretamente, tu conciencia, es la que te condena a ti, pero no es Dios. Ésa *no es* la obra del Espíritu Santo. El Espíritu Santo nunca es la fuente de ninguno de tus sentimientos de culpa o condenación. Él *no* te hace sentir mal cuando pecas. *Es tu conciencia la que te condena.* Y cuando te sientes indigno, es casi imposible recibir de Dios.

> *El Espíritu Santo nunca es la fuente de ninguno de tus sentimientos de culpa o condenación.*

Primera de Juan 3:19-21 dice:

En esto sabremos que somos de la verdad y tendremos nuestro corazón confiado delante de él; en caso de que nuestro corazón nos reprenda, mayor es Dios que nuestro corazón, y él conoce todas las cosas. Amados, si nuestro corazón no nos reprende, tenemos confianza delante de Dios;

Este pasaje de la Escritura deja muy claro que tu corazón puede condenarte, aunque Dios no lo haga. Es una verdad radical, que es algo sorprendente para la mayoría de los cristianos. Hemos dado por sentado que siempre es el Espíritu Santo quien nos condena.

Si puedes llegar al punto en que tu conciencia no te condene, no te juzgue, ni te haga sentir indigno de recibir, entonces tendrás confianza delante de Dios, lo que tiene «una gran recompensa» (He 10:35).

La mayoría de los cristianos nunca llegan a ese punto. La mayoría sabe que Dios puede responder a su oración; solo que no tienen confianza en que lo hará, porque se sienten indignos. No están dispuestos a permanecer firmes en la fe porque los sentimientos de culpa e indignidad, que creen erróneamente que proceden del Espíritu Santo, hacen naufragar su fe.

Manteniendo la fe y la buena conciencia, la cual algunos desecharon y naufragaron en cuanto a la fe.

1 Timoteo 1:19

Nuestra conciencia no es algo que podamos o debamos ignorar; puede entrenarse para nuestro beneficio, pero *no* es el Espíritu Santo. La mejor manera de tratar con la conciencia es, en la medida de lo posible, no darle ninguna ocasión contra nosotros. No puede condenarte si no le das motivos. Sin embargo, nadie vive una vida perfecta, y en última instancia tienes que purgar tu conciencia de las obras muertas.

> *Jesús llama al Espíritu Santo el «Consolador (ayudante)», no el que aflige.*

- Hebreos 9:14 dice: «¡Cuánto más la sangre de Cristo, quien mediante el Espíritu eterno se ofreció a sí mismo sin mancha a Dios, limpiará nuestra conciencia de las obras muertas para servir al Dios vivo!».

- Hebreos 10:22 dice: «Acerquémonos con corazón sincero, en plena certidumbre de fe, purificados los corazones de mala conciencia, y lavados los cuerpos con agua pura».

- Y en Hebreos 4:16 leemos: «Acerquémonos, pues, con confianza al trono de la gracia para que alcancemos misericordia y hallemos gracia para el oportuno socorro».

El ministerio del Espíritu Santo es lo contrario de lo que piensan muchos cristianos. En Juan 14:16 leemos cómo describe Jesús el Espíritu Santo: «Y yo rogaré al Padre, y les dará otro Consolador, para que esté con ustedes para siempre».

Observa que Jesús llama al Espíritu Santo el «*Consolador (ayudante)*», no el que aflige. También dice que enviará «otro» Consolador. *Otro* significa uno del mismo calibre, de la misma clase. Jesús fue y sigue siendo un Consolador; Él no condenó a la gente durante Su ministerio terrenal.

*Porque **no envió Dios a su Hijo al mundo para condenar** al mundo, sino para que el mundo sea salvo* *por él. El que en él cree, no es condenado; pero el que no cree, ya ha sido condenado, porque no ha creído en el nombre del unigénito Hijo de Dios. Y esta es la condenación: que la luz vino al mundo, y los hombres amaron más las tinieblas que la luz, porque sus obras eran malas.*

Juan 3:17-19

El Espíritu Santo no nos hace conscientes de mentir, robar, cometer adulterio, asesinar o cosas por el estilo: nos hace conscientes de que no confiamos en Jesús. Ésa es la raíz de todo el pecado. Estrictamente hablando, *la gente no se va al infierno por sus pecados individuales*; Jesús ya los ha perdonado todos (1 Jn 2:2). Las personas se van al infierno por el único pecado de no hacer a Jesús su Salvador personal: el pago completo y único por sus pecados. Incluso después de recibir la salvación, el problema no son nuestras acciones (pecados), sino la actitud del corazón de no confiar en Jesús.

El Espíritu Santo debe ser tu mejor amigo. Fue enviado para animarte y asegurarte constantemente el amor de Dios. Es la persona más importante y poderosa de tu vida. Si no has pensado correctamente sobre el Espíritu Santo, es hora de que cambies tu forma de

---

El Espíritu Santo debe ser tu mejor amigo.

---

pensar. No podrás relacionarte correctamente con Dios hasta que comprendas este ministerio positivo del Espíritu Santo.

El Espíritu Santo es el gran Consolador, y Su ministerio positivo abarca mucho. Si quieres tener poder en tu vida debes conocer y mediar en las verdades que compartimos en este libro de bolsillo. Puedes escuchar la enseñanza completa en inglés, *10 Reasons it is Better to Have the Holy Spirit* en mi sitio web awmi.net. Si haces la oración para recibir a Jesús como tu Salvador o para recibir el Espíritu Santo, me gustaría obsequiarte mi enseñanza, *El nuevo tú y el Espíritu Santo*. Llama a mi línea de ayuda **(+1) 719-635-1111** para que obtengas un ejemplar.

Recibe a JESÚS como tu Salvador

¡Optar por recibir a Jesucristo como tu Señor y Salvador es la decisión más importante que jamás hayas tomado!

La Palabra de Dios promete: «Que si confiesas con tu boca que Jesús es el Señor y si crees en tu corazón que Dios lo levantó de entre los muertos, serás salvo. Porque con el corazón se cree para justicia, y con la boca se hace confesión para salvación» (Ro 10:9-10). «Porque todo aquel que invoque el nombre del Señor será salvo» (Ro 10:13). Por su gracia, Dios ya hizo todo para proveer tu salvación. Tu parte simplemente es creer y recibir.

Ora en voz alta: «Jesús, confieso que Tú eres mi Señor y mi Salvador. Creo en mi corazón que Dios te levantó de entre los muertos. Por fe en Tu Palabra, recibo ahora la salvación. Gracias por salvarme».

En el preciso momento en que le entregaste tu vida a Jesucristo, la verdad de Su Palabra instantáneamente se lleva a cabo en tu espíritu. Ahora que naciste de nuevo, ¡hay un tú completamente nuevo!

Recibe el Espíritu Santo

Como Su hijo que eres, tu amoroso Padre Celestial quiere darte el poder sobrenatural que necesitas para vivir esta nueva vida. «Porque todo aquel que pide recibe, y el que busca halla, y al que llama se le abrirá.... ¿cuánto más su Padre celestial dará el Espíritu Santo a los que le pidan?» (Lc 11:10, 13b).

¡Todo lo que tienes que hacer es pedir, creer y recibir! Haz esta oración: «Padre, reconozco mi necesidad de Tu poder para vivir esta vida nueva. Por favor lléname con Tu Espíritu Santo. Por fe, lo recibo ahora mismo. Gracias por bautizarme. Espíritu Santo, eres bienvenido a mi vida».

Algunas sílabas de un lenguaje que no reconoces surgirán desde tu corazón a tu boca (1 Co 14:14). Mientras las declaras en voz alta por fe, estás liberando el poder de Dios que está en ti, y te estás edificando en el espíritu (1 Co 14:4). Puedes hacer esto cuando quieras y donde quieras.

Realmente no interesa si sentiste algo o no cuando oraste para recibir al Señor y a Su Espíritu. Si creíste en tu corazón que lo recibiste, entonces la Palabra de Dios te asegura que así fue. «Por esta razón les digo que todo por lo cual oran y piden, crean que lo han recibido y les será hecho» (Mr 11:24). Dios siempre honra Su Palabra; ¡créelo!

Nos gustaría felicitarte y ayudarte a entender más plenamente lo que acaba de suceder en tu vida.

Por favor, comunícate con nosotros y dinos si hiciste la oración para ser lleno del Espíritu Santo, y para que pidas una copia del libro, El nuevo tú y el Espíritu Santo. Este libro explica con más detalle los beneficios de ser lleno del Espíritu Santo y de hablar en lenguas. Llama a nuestra línea de ayuda al **(+1) 719-635-1111** (para español: de lunes a viernes, 7:00 a. m. – 3:00 p. m. hora de la montaña. Para inglés: de lunes a domingo las veinticuatro horas del día).

Llama para pedir oración

Si necesitas oración por cualquier motivo y quieres hablar con uno de nuestros operadores en español, puedes llamar a nuestra línea de ayuda al **(+1) 719-635-1111**, (para español: de lunes a viernes, 7:00 a.m. — 3:00 p.m. hora de la montaña. Para inglés: de lunes a domingo las veinticuatro horas del día). Un ministro capacitado recibirá tu llamada y orará contigo. Si nos llamas fuera de los EE. UU., comunícate con nosotros por WhatsApp siguiendo este enlace: wa.link/AWMMexico.

Cada día, recibimos testimonios de sanidades y otros milagros por medio de nuestra línea de ayuda, y estamos compartiendo las noticias que son casi demasiado buenas para ser verdaderas del Evangelio con más personas que nunca. Por lo tanto, ¡te invito a que llames hoy!

El autor

La vida de Andrew Wommack cambió para siempre en el momento que él se encontró con el amor sobrenatural de Dios el 23 de marzo de 1968. Como autor y maestro de renombre de la Biblia, Andrew ha asumido la misión de cambiar la manera como el mundo percibe a Dios.

La visión de Andrew es llevar el Evangelio tan lejos y tan profundo como sea posible. Su mensaje llega lejos por medio de su programa de televisión *Gospel Truth* (*La Verdad del Evangelio*), que está disponible para casi la mitad de la población mundial. El mensaje penetra profundamente por medio del discipulado en el instituto bíblico, Charis Bible College, con su sede en Woodland Park, Colorado. Establecido en 1994, Charis tiene planteles en varios lugares de los Estados Unidos y por todo el mundo.

Andrew también cuenta con una extensa biblioteca de materiales para la enseñanza en formatos impresos, de audio y de video; con una gran mayoría de estas enseñanzas disponibles gratis en inglés en su sitio web **awmi.net**. Para alcanzar a la gente que habla español, y llevarlos a un conocimiento más profundo de la Palabra, su sitio web **awmi.net/español** ofrece gratis videos y artículos de sus enseñanzas más populares.

Información de contacto

Andrew Wommack Ministries, Inc.
PO Box 3333
Colorado Springs, CO 80934-3333
Correo electrónico: info@awmi.net

Charis Bible College
Para obtener más información sobre los cursos que
Charis ofrece:
info@charisbiblecollege.org
(+1) 844-360-9577
CharisBibleCollege.org

Línea de ayuda: (+1) 719-635-1111
(Para español: de lunes a viernes 7:00 a. m. – 3:00 p. m.
hora de la montaña. Para inglés: de lunes a domingo las
veinticuatro horas del día).

Página en español: **awmi.net/español**
Página en inglés: **awmi.net**
Para ver la lista de todas nuestras oficinas, visita:
awmi.net/contact-us.

Conéctate con nosotros en las redes sociales.

¡Hay más en nuestro sitio web!

Descubre enseñanzas GRATIS para ver o escuchar, artículos y más escaneando el código QR.
Sigue creciendo en la Palabra de Dios.
¡Serás bendecido!

ANDREW WOMMACK MINISTRIES

Tus donaciones mensuales logran la mayor influencia en el Reino de Dios

Cuando das donativos, ejerces una influencia en el reino de Dios que perdurará por generaciones. Tu generosidad capacita a nuestros ministros operadores para que reciban llamadas cada día de la semana. Tu apoyo también está promoviendo el crecimiento del instituto bíblico Charis Bible College, y está facilitando los medios para que el programa *La Verdad del Evangelio* alcance a una audiencia global más extensa. Tú logras esto y más por medio de tus donaciones mensuales.

¡Conviértete en un Asociado de la Gracia hoy mismo!
Escanea el código QR o llama a nuestra línea de ayuda al (+1) 719-635-1111 y selecciona la opción nueve para español.